Couvertures supérieure et inférieure
en couleur

LA MONTAGNE D'ESPIAUP

PAR

MM. ÉDOUARD PIETTE ET JULIEN SACAZE

EXTRAIT DES BULLETINS DE LA SOCIÉTÉ D'ANTHROPOLOGIE DE PARIS

séance du 5 avril 1877.

PARIS

TYPOGRAPHIE A. HENNUYER

RUE D'ARCET, 7

1877

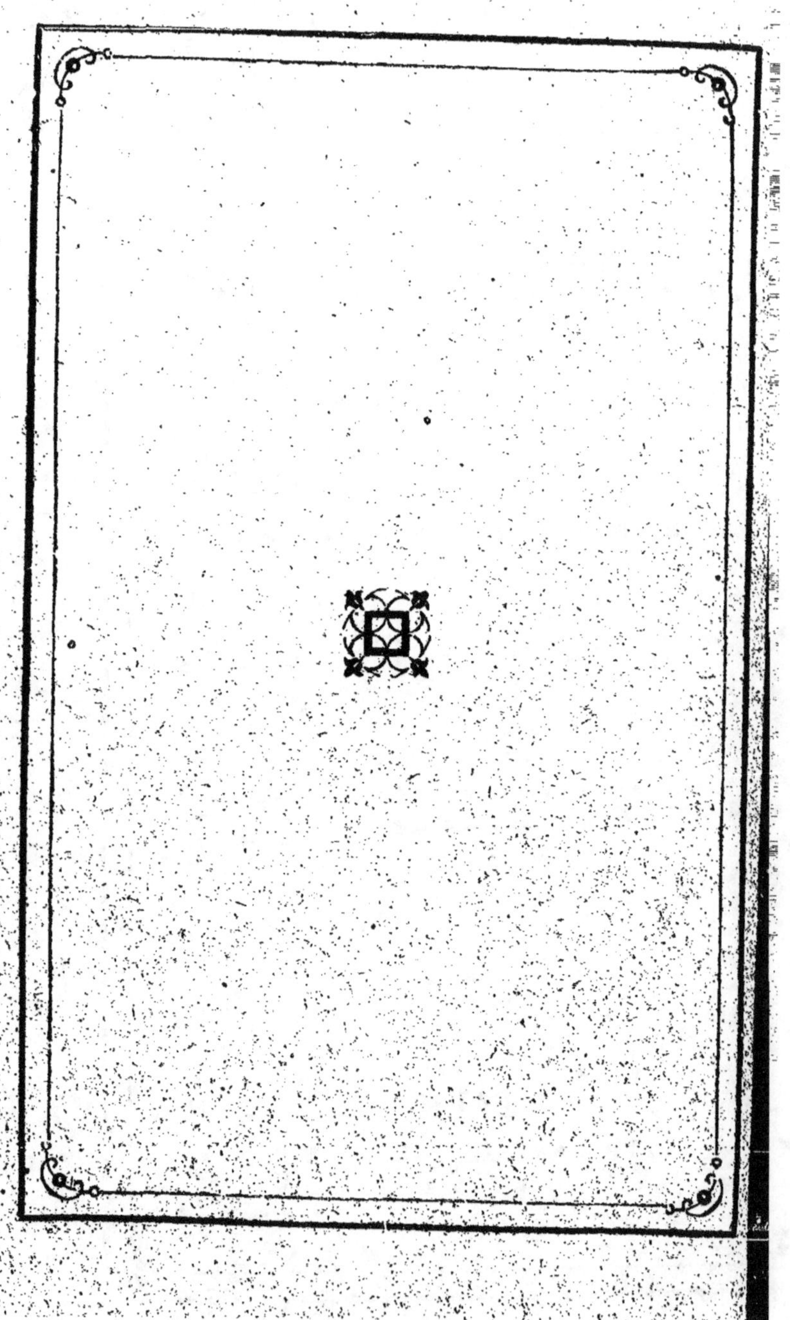

LA MONTAGNE D'ESPIAUP

PARIS. — TYPOGRAPHIE A. HENNUYER, RUE D'ARCET, 7.

LA MONTAGNE D'ESPIAUP

PAR

MM. ÉDOUARD PIETTE ET JULIEN SACAZE

EXTRAIT DES BULLETINS DE LA SOCIÉTÉ D'ANTHROPOLOGIE DE PARIS
séance du 5 avril 1877.

PARIS

TYPOGRAPHIE A HENNUYER

RUE D'ARCET, 7

1877

LA MONTAGNE D'ESPIAUP

Aux temps quaternaires, un vaste glacier, dont le noyau subsiste encore au *ceil de la Baque*, descendait dans la vallée d'Oô, qu'il comblait de sa masse gigantesque, et, se dirigeant du sud au nord, jusqu'à l'endroit où s'élèvent aujourd'hui les villages de Poubeau, de Cathervieille, de Garin, de Billère, rencontrait, comme un immense barrage, la montagne d'Espiaup, la jonchait des blocs de rocher qu'il charriait ; puis, refluant vers l'est et passant par-dessus le mont Cazaril, il venait se réunir, à Luchon et à Juzet, au glacier de la Pique dont l'épaisseur, aux points de jonction, dépassait 875 mètres[1].

Souvent les géologues sont venus étudier la moraine et les blocs erratiques qui couvrent le flanc méridional de la montagne d'Espiaup ; mais, jusqu'à l'année dernière, l'attention des archéologues ne s'était jamais fixée sur elle. Ce fut M. Julien Sacaze, l'un de nous, qui, se rendant de Billère à Benqué, le 27 octobre 1875, remarqua le premier des pierres superposées, des cromlechs et des alignements qui lui parurent présenter un grand intérêt pour l'histoire des populations anciennes de ce pays. Il signala tout aussitôt sa décou-

---

[1] Cette épaisseur n'a rien d'extraordinaire. M. Falsan a trouvé, dans les environs de Belley (Ain), sur les montagnes qui prolongent le Jura parallèlement aux Alpes, des blocs erratiques à 900 mètres au-dessus des vallées. M. Alphonse Favre, dans sa notice sur la conservation des blocs erratiques (*Arch. des sciences de la bibliothèque universelle*, novembre 1876, t. LVII, p. 192 et 194), cite pour le Valais des épaisseurs de glaciers de 1680, 1607, 1500 et 1309 mètres, et pour la vallée du Rhin, des épaisseurs de 1518, 1388 et 1285 mètres. Le massif des Alpes est plus vaste, plus élevé et plus septentrional que celui des Pyrénées. La même cause, en agissant sur les deux chaînes de montagnes, devait y produire des effets proportionnés à leur masse, à leur latitude et à leur hauteur.

verte. Surpris par la neige, M. Sacaze n'avait pu faire aucune fouille.

Quelques mois plus tard M. Gourdon fouilla quelques-unes de ces enceintes de pierre, y recueillit des urnes cinéraires et publia le résultat de ses recherches dans les *Matériaux* (t. VII, p. 295 et 500), mais il n'essaya pas de déterminer l'âge de ces sépultures. Déjà, dès 1874, au milieu des blocs de granit semés par le glacier, M. Chaplain-Duparc avait visité à Garin, au bas de la montagne, des cercles de pierre évidemment arrangés par la main de l'homme, et il en avait retiré aussi des urnes remplies de cendres dont il n'avait pu indiquer l'âge avec exactitude.

On n'avait donc aucune notion précise sur l'importance, la date et la signification de ces monuments mégalithiques, lorsqu'au mois d'octobre dernier les signataires de la présente note se rencontrèrent à Luchon, résolurent de faire ensemble une étude complète de la montagne d'Espiaup, d'y pratiquer des fouilles, de recueillir les traditions conservées par les habitants et de publier en commun les résultats de leurs observations [1].

Nous avons remarqué sur cette montagne trois sortes de monuments de pierres : les alignements, les cromlechs et les pierres sacrées.

Alignements. — Les alignements sont formés de pierres placées debout, juxtaposées ou ne laissant entre elles que de petits intervalles. Ils sont rectilignes ou sinueux.

Ceux qui sont rectilignes ressemblent à de mauvaises clôtures ; ils éveillent l'idée d'une délimitation de propriété ou de territoire, quoi qu'en réalité ils ne correspondent à aucune

[1] Pour rendre hommage à la vérité, je dois déclarer que M. Sacaze, dont la famille est originaire de Luchon, a trouvé, après l'exploration que nous avons faite ensemble, plusieurs groupes importants de cromlechs. C'est donc à lui que revient l'honneur d'avoir découvert la plupart des monuments mégalithiques de l'Espiaup. Il en a rencontré aussi plusieurs sur les montagnes voisines de celle qui fait l'objet de cette notice. Pour plus de renseignements sur la part qu'il a dans les découvertes, voir *le Progrès libéral de Toulouse*, n° du 16 janvier dernier.   (*Note de M. Piette.*)

limite actuellement connue. Ils aboutissent à des pierres sacrées ou à de vastes enceintes qui sont probablement des cimetières, et se rattachent au système religieux des hommes qui les ont élevés. Ceux qui les ont construits ont laissé, dans la direction qu'ils se proposaient de suivre, les gros blocs granitiques apportés par le glacier, et ils les ont reliés par des pierres plus petites qu'ils ont plantées dans la terre. Parfois les gros blocs ne se trouvent pas tout à fait dans l'alignement. On n'a pas cherché à déplacer ces lourdes masses. On a préféré faire infléchir légèrement la ligne vers eux, pour les comprendre dans la rangée de pierres.

Le plus bel alignement rectiligne de l'Espiaup est celui de *Peyrelade*, dans le territoire de Billère. Il commence au *cailhaou dés pourics*, monument mégalithique autrefois vénéré, formé de deux pierres superposées et situé près de la fontaine de *hont bieoua* ; il se dirige du sud au nord. De la source à la crête de la montagne, il a 277 mètres de longueur et se compose de quatre-vingt-treize pierres parmi lesquelles on remarque des blocs qui ont jusqu'à 58 mètres cubes. Au-delà de la crête, trois énormes fragments de granit, séparés les uns des autres par des intervalles de 40 ou 50 mètres, le continuent dans la même direction. Sa longueur totale est de 427 mètres. Vers son extrémité méridionale se trouvent quatre terrasses rectangulaires qui paraissent être les emplacements d'anciennes habitations. Leur largeur varie de 5^m,50 à 7^m,50, et leur longueur de 12^m,50 à 20 mètres. L'une d'elles est séparée en deux cases par les vestiges d'un mur dont les pierres sont unies par de l'argile grise au lieu de mortier.

De l'angle nord-est de la première terrasse, part une rangée de 99 pierres qui aboutit à la partie méridionale d'une vaste enceinte ovoïdale, située à l'est du grand alignement. Cette rangée de pierres a 32 mètres de longueur depuis la terrasse jusqu'à l'enceinte. Quatre gros blocs de granit la continuent dans l'intérieur du cromlech ovoïdal, et quatre quartiers de rocher, alignés dans la même direction, la prolongent au delà.

Une autre rangée de pierres ayant 30 mètres de longueur s'embranche sur le grand alignement et conduit, en décrivant une courbe légère, à la partie septentrionale de la même enceinte. Celle-ci, formée de cent soixante-quatre pierres, a 80 mètres de longueur et 40 de largeur maximum ; elle présente deux lacunes à ses extrémités.

Le grand alignement de Peyrelade forme, avec la pierre sacrée dite le *cailhaou dés pourics*, les quatre terrasses, les deux alignements latéraux et la grande enceinte ovoïdale, un tout dont les diverses parties sont sans doute de même âge et présentent un ensemble remarquable. Nous avons fait pratiquer inutilement une fouille au pied du *cailhaou dés pourics;* nous n'y avons trouvé aucun instrument de pierre. Il faut noter aussi que nous n'avons jusqu'à présent rencontré aucun dolmen sur la montagne d'Espiaup. Peut-être de nouvelles recherches en feront-elles découvrir. Leur absence et le manque de silex dans les endroits que nous avons fouillés, ne sont que des faits négatifs. Toutefois, ces faits ne sont pas de nature à faire penser que les monuments mégalithiques de cette montagne datent de l'âge de la pierre polie.

Nous signalerons un autre grand alignement rectiligne situé dans le territoire de Portet. Il occupe la crête d'une ramification de la montagne et s'étend de l'est à l'ouest.

Les alignements sinueux, formés de pierres placées debout, juxtaposées ou séparées par des intervalles peu considérables, sont probablement du même âge que les alignements. rectilignes, avec lesquels on les confondrait facilement sans les ondulations qu'ils décrivent. Ces ondulations ne sont dues ni à des glissements du sol, ni au relief du terrain. Elles sont évidemment intentionnelles. Elles ne s'infléchissent pas assez pour dessiner des méandres; elles représentent plutôt les courbes d'un reptile, et l'on dirait que l'on a voulu donner à l'alignement la forme d'un serpent. Parfois même trois ou quatre pierres plus grosses que les autres sont placées deux à deux ou en ovale à l'une de ses extrémités et semblent figurer la tête. De nombreux cromlechs ou cercles de pierre se groupent autour de ces alignements sinueux, et les feraient ressembler au tronc d'un arbre généalogique s'ils se pressaient également des deux côtés de la ligne serpentante ; mais ordinairement ils sont tous ou presque tous d'un seul côté de cette ligne.

Les pierres dont sont formés les alignements rectilignes et les alignements reptiliformes sont des fragments de granit porphyroïde provenant du port d'Oô, charriés et abandonnés sur la montagne, aux temps quaternaires, par le grand glacier. On y trouve mêlés, surtout dans les environs d'un mamelon nommé le *castéra*, de rares blocs de granit amphibolifère, de grauwacke, d'eurite et de calschiste dévonien. Les pierres des cromlechs sont de la même nature que celles des alignements.

Cromlechs. — Les cromlechs sont des cercles de pierres brutes presque toujours placées de champ, au centre desquels on trouve ordinairement, à une profondeur de 15 à 65 centimètres, une *cella* faite de dalles schisteuses, empruntées aux rochers de la montagne, contenant de la cendre et des ossements calcinés. Leur diamètre varie de 55 centimètres à 10^m,50. Tantôt les pierres dont ils sont formés se touchent, tantôt elles sont séparées par de grands intervalles irréguliers et le cercle est à peine tracé. Nous en avons vu qui n'étaient indiqués que par trois ou quatre blocs négligemment plantés, tandis que d'autres en avaient vingt-neuf.

Les *cella* sont très-petites. Elles n'ont en moyenne que 40 centimètres de côté et 25 de hauteur. Elles sont formées ordinairement de quatre petites dalles schisteuses, placées verticalement de manière à former un rectangle, d'une dalle horizontale servant de plancher et d'une autre dalle ou d'une ardoise formant couvercle. Ce sont de véritables dolmens en miniature, construits sous terre. Parmi celles qui ont été explorées, il y en a plusieurs dont l'un des côtés est formé de petits gaets superposés. Ce soin de faire ressembler la chambre où l'on déposait la cendre des morts à un dolmen, semble indiquer une époque peu éloignée de l'âge néolithique. Toutefois, si de cette circonstance on peut induire des présomptions, il faut reconnaître qu'envisagée isolément elle n'est pas de nature à dater ces sépultures d'une manière certaine.

Dans l'intérieur de quelques cellas, on rencontre des urnes ou vases de terre faits à la main, cuits à feu libre, dans lesquels les cendres et les os calcinés ont été rassemblés. La pâte en est grossière, tendre, noirâtre avec des taches rouges, parsemée de petits points blancs. Leurs formes, évidemment dérivées de celles des vases néolithiques, révèlent une parenté incontestable avec la poterie de l'âge du bronze telle que nous la connaissons par les découvertes faites dans d'autres contrées où a fleuri la civilisation de cet âge. Elles ont cependant un cachet particulier, propre au midi de la France, qui a jusqu'à présent empêché de leur donner l'âge qui leur convient.

D'autres objets découverts dans la cendre des morts nous ont permis d'assigner aux sépultures une date incontestable. Dès le premier jour de nos fouilles, en explorant, avec M. Fourcade, un groupe de cromlechs assez mal conservés, situé sur le penchant oriental de la montagne, à l'ouest du *Castéra*, nous avons recueilli, dans une petite cella sans urne, deux bracelets de bronze à demi fondus, dont les ornements, encore visibles, sont identiques à ceux de certains bracelets retirés des lacs de la Suisse et de la Savoie. Leurs dimensions, leur forme et les dessins géométriques qui les ornent sont caractéristiques du bel âge du bronze. MM. de Mortillet et Chantre, auxquels nous en avons communiqué le dessin, n'ont pas hésité un seul instant sur leur âge. Les sépultures de l'Espiaup et leurs cromlechs sont donc contemporains des cités lacustres de la Suisse. Cette découverte a une réelle importance; car, dans les Pyrénées, les cromlechs ne sont pas rares, et de nombreux archéologues ont eu jusqu'à présent une tendance à les rajeunir. Quelques-uns étaient même disposés à les considérer comme gallo-romains.

Les cercles de pierre ne circonscrivent jamais un tertre ou éminence de terre, sur l'Espiaup. Ils ont parfois reçu plusieurs inhumations successives. Nous en avons rencontré dans lesquels nous avons recueilli les débris de trois ou quatre urnes différentes. On a continué à déposer dans quelques-uns la cendre des morts pendant l'époque gauloise. Certaines urnes qu'on y a rencontrées ne peuvent laisser aucun doute à cet égard ; mais il n'en faut pas moins faire remonter à l'âge du bronze l'origine de ces enceintes.

Les pasteurs qui les ont construites paraissent avoir été pauvres. L'habitude de placer la cendre des morts entre des dalles, sans même l'enfermer dans des urnes, indique la difficulté qu'ils avaient à se procurer de la poterie. La terre de la vallée du Larboust n'est guère propre à la fabrication des vases. Pour en avoir de meilleure, les habitants de ce pays étaient obligés d'aller en chercher dans la vallée de la Garonne, en suivant des sentiers mal tracés et très-difficiles. De là cette rareté des urnes cinéraires dans les sépultures. Les bijoux métalliques paraissent avoir été moins communs encore et d'un plus grand prix. Le mort en était paré avant d'être brûlé. On en trouve rarement la trace dans la cendre. L'incinération avait lieu sur place, sinon toujours, au moins quelquefois. Les pierres rougies par le feu ne sont pas rares, dans l'intérieur des cromlechs, et souvent elles ont de grandes dimensions. Les sépultures qu'on a fouillées dans la vallée étaient plus riches en urnes que celles des sommets. La vallée et les premières pentes de la montagne présentent un sol favorable à la culture. La crête de l'Espiaup et la partie supérieure de ses versants ont dû toujours être couvertes de bois ou de pâturages.

Les sépultures d'incinérés, entourées de cercles de pierre, assez nombreuses dans les Pyrénées, durent être communes, pendant l'âge du bronze, dans une grande partie de la Gaule. La culture en a fait presque partout disparaître les traces.

Les pierres des cromlechs atteignent exceptionnellement les dimensions de 75 décimètres cubes; elles sont ordinairement beaucoup plus petites. Les agriculteurs ont pu les enlever facilement et les déposer contre les talus ou les employer sur les chemins. Il n'est plus resté que de la cendre et quelques tessons de poterie que la charrue a promptement mêlés au sol labouré.

On rencontre les cromlechs par groupes sur la montagne d'Espiaup. Ces groupes sont de quatre sortes. Les uns sont formés de cercles isolés, rapprochés les uns des autres, sans être réunis par aucun alignement de pierres. Le seul lien qu'on observe entre ces sépultures, consiste en ce que de petits cromlechs sont parfois accolés contre les grands, comme pour indiquer une idée de filiation ou de dépendance. Tel est le groupe (*és peyrés dé Hourtina*) qu'on remarque sur la serre de Peyrelade, commune de Billère, à l'est du grand alignement, et aussi le groupe qui se trouve au-dessus de la forêt de Jurvielle, au quartier dit du *Cuéou dé Sacouma*. D'autres cercles sont reliés entre eux par une ou deux pierres qui semblent un indice de descendance. Tel est le groupe que l'on voit sur un mamelon, au nord-est d'un petit vallon appelé le *Clot du Cousseillot* (territoire de Billère). On observe un autre mode de groupement aux lieuxdits de *Sahiestra* et de *Sacada* (commune de Jurvielle) et au lieudit de *Peyra-hita*, sur le territoire de Bourg-d'Oueil. Là, certains cercles de pierres sont concentriques et signalés par des menhirs. Mais c'est contre les grands alignements reptiliformes que les cromlechs se pressent le plus souvent. Il y a de fort beaux groupes de cette sorte au nord-ouest du clos du *Cousseillot* (territoire de Billère), à l'ouest du *Castéra* (territoire do Benqué), et sur une ramification de la montagne, dans le territoire de Portet, au quartier de la *Caoucada* et au pied du tyron du *Pouy-ahouè*. Enfin, nous connaissons des cromlechs groupés autour de deux petits alignements rectilignes et parallèles, au *Castéra*. L'un de ces alignements est formé de neuf gros blocs granitiques; l'autre n'en a plus que cinq. On a fait disparaître ceux qui manquent, quand on a élevé en ce lieu des constructions dont nous avons retrouvé les soubassements. Ces deux alignements sont dirigés de l'est à l'ouest. Quelques auteurs ont écrit que les cromlechs et les alignements présentaient des directions constantes. Il n'en est rien sur la montagne d'Espiaup; l'orientation est, au contraire, très-variable.

Outre les cercles de pierre que nous venons de décrire ; on remarque d'autres enceintes qui sont rectangulaires. Enfin il y en a de très-grandes qui sont ovoïdales comme celle de Peyrelade, ou elliptiques comme celle du Castéra. Celle-ci compte 21ᵐ,50 de longueur et 17ᵐ,40 de largeur. Elle est formée de 49 pierres qui sont des blocs de granit porphyroïde, d'eurite, de grauwacke et de calschiste dévonien. Enfin nous signalerons encore une enceinte semi-circulaire qui a 30 mètres de diamètre ; elle est située sur le territoire de Portet.

Les alignements sinueux sont évidemment du même âge que les cromlechs groupés autour d'eux. Ils sont donc de l'âge du bronze. Les alignements rectilignes, construits de la même manière, ont avec eux trop de rapports pour être l'œuvre d'une civilisation différente. Ils doivent être considérés, avec les pierres sacrées auxquelles ils aboutissent et les grandes enceintes vers lesquelles ils étendent des ramifications, comme étant également de l'âge du bronze. Les pierres sacrées, qui sont isolées, peuvent seules être d'une époque plus récente. Il n'est cependant pas impossible que, pendant les premiers temps de l'âge du fer, quelques cromlechs aient encore été construits ; seulement rien ne le prouve.

L'âge du bronze a eu deux phases successives en Gaule. Pendant la première, les populations néolithiques, puissamment organisées et jouissant d'une civilisation déjà remarquable, ont reçu quelques rares importations de bronze appropriées à leurs goûts et à leurs besoins. Les hommes de cette époque eurent des pointes de lance et des flèches présentant les mêmes formes que leurs pointes de lance et de flèche en silex, et ils les employèrent concurremment avec leurs armes de pierre; ils mêlèrent aussi à leurs colliers de dents et de coquilles, des dents de bronze fondues sur le modèle de celles dont ils se paraient; mais, en acceptant le métal que le commerce leur apportait, ils ne renoncèrent à aucun de leurs usages; ils continuèrent à inhumer leurs morts sous les dolmens, et c'est là que l'on trouve le mélange de leurs armes et de leurs outils en silex avec quelques objets de bronze qu'ils étaient parvenus à se procurer. Cette première phase de l'âge du bronze en Gaule peut donc être considérée aussi bien comme la dernière de l'âge néolithique que comme la première de l'âge des métaux. C'est à elle qu'il faut rapporter le dolmen trouvé dans la grotte sépulcrale de Gourdan. On a recueilli sous la dalle qui le recouvrait, parmi les ossements humains, des silex taillés, des débris de poterie et un anneau de bronze héliciforme.

La coutume de brûler les morts a peu à peu pénétré dans la Gaule. Les sépultures néolithiques de Ribémont (Aisne) ne contiennent que des restes d'incinérés, avec l'outillage de la pierre polie, sans mélange de métaux; et, dans le centre de la France, on a trouvé, sous quelques dolmens, des traces de crémation. Il est pourtant probable que l'usage de livrer les cadavres au bûcher n'a été adopté qu'au contact de populations nouvelles, qui ont introduit la coutume d'enterrer dans des cromlechs les restes des incinérés. De ce changement dans les rites funéraires, qui correspond vraisemblablement à une invasion, date le second âge du bronze, dont les vestiges ont frappé les archéologues d'étonnement quand on a retrouvé les restes des cités lacustres de la Suisse. C'est à ce second âge du bronze qu'on doit rapporter les cercles de pierre et les alignements de l'Espiaup.

Il faut se garder de confondre les cromlechs funéraires de cet âge avec les *tumuli*, qui sont aussi quelquefois entourés de cercles de pierre. Les *tumuli* sont des tertres ou éminences de terre qui contiennent ordinairement la dépouille d'un incinéré ou les restes d'un mort qui n'a pas subi l'action du feu. Ils ne sont pas rares dans les Pyrénées, et ils correspondent au premier âge du fer, c'est-à-dire, selon toute probabilité, aux premières invasions gauloises. Nous en connaissons et nous en étudions un très-beau groupe, dans le territoire de la commune d'Avezac, quartiers de *Coustalade*, *Pomarède* et *Peyre-Salazou* (Hautes-Pyrénées). Chaque tombelle y est entourée d'un cercle de galets. Deux d'entre elles ont été traversées pour l'établissement d'un chemin public. On y a recueilli des torques de bronze, des fibules de fer dont la forme est gauloise, des coutelas de fer semblables à ceux des cimetières de la Marne et de l'Aisne et des urnes cinéraires voisines par leur forme et leur ornementation des vases gaulois du nord de la France, mais présentant certains caractères qui leur donnent un cachet particulier. Ces tumulus sont des sépultures correspondantes à la troisième phase de l'âge primitif des métaux.

Ainsi l'usage d'élever des cromlechs autour de la cendre des morts s'est transmis de l'âge du bronze à celui des tumulus. Il ne faut pas s'en étonner. Dans l'antiquité, le cercle ayant un point central représentait la divinité et, notamment, la divinité solaire. Les parents du défunt entouraient ses restes du symbole de la divinité en laquelle ils avaient foi, comme nous abritons sous la croix la tombe de nos morts. A Craonne (Aisne), quand les fossoyeurs ont comblé une fosse, ils vont chercher des pierres brutes sur la montagne et les arrangent en croix sur le petit tertre qu'ils viennent d'élever. Ces pierres y restent jusqu'à ce qu'on y ait dressé un monument plus parfait. Au lieu de figurer une croix, les hommes de l'âge du bronze figuraient un cercle. C'était la même pensée pieuse qui les faisait agir. Il ne serait même pas impossible que les alignements sinueux eussent eu quelques rapports avec le culte du serpent, si commun dans l'antiquité. Sans doute cette interprétation n'est qu'une hypothèse. Il ne faut pourtant pas oublier qu'en Suède et dans beaucoup d'autres pays les lignes serpentantes et les méandres furent fréquemment dessinés comme ornements pendant l'âge du bronze.

Une vérité importante se dégage des faits que nous venons d'exposer : c'est que les peuples néolithiques ne furent pas les seuls qui élevèrent des monuments mégalithiques sur le sol de la Gaule. Jadis on attribuait à l'époque celtique tous les dolmens, les alignements, les menhirs, les cromlechs et les pierres sacrées. Aujourd'hui l'on a une tendance à les rapporter tous à l'âge de la pierre polie. A peine admet-on que les menhirs ont parfois été élevés en des temps plus récents. La plus grande confusion règne dans les idées sur l'âge des cromlechs, et les alignements sont généralement considérés comme néolithiques. Il faut abandonner ces manières de voir trop absolues. Si les dolmens de la Gaule sont ordinairement caractéristiques des temps néolithiques, ils ont encore été utilisés pendant la première phase de l'âge du bronze ; et les peuples qui ont fait fleurir sur notre sol la seconde phase de cet âge, qui fut si brillante, ont élevé en grand nombre des alignements, des cromlechs, des menhirs et des pierres sacrées.

Pierres sacrées. — Les pierres sacrées se rattachent parfois aux alignements et aux groupes de cromlechs. D'autres fois, elles sont isolées. On les trouve souvent au voisinage des fontaines. Simples blocs de granit porphyroïde ou de granit amphibolifère abandonnés sur la montagne par le glacier quaternaire, elles sont presque toujours brutes et présentent rarement quelque chose qui les distingue des autres pierres éparses sur l'Espiaup. Il en est beaucoup parmi elles qui passeraient inaperçues de l'observateur, si les traditions locales et la vénération des habitants ne les signalaient à son attention. Dans la profonde vallée du Larboust, creusée au cœur de la chaîne des Pyrénées, loin de tous les courants civilisateurs, les superstitions des âges évanouis se sont maintenues avec une énergie telle que dans plusieurs villages, notamment à Poubeau, à Portet, à Jurvieille, elles se mêlent intimement, dans l'esprit des habitants, aux croyances du catholicisme. En vain les prêtres les combattent ; ils n'ont pas encore réussi à les extirper de tous les cœurs. En vain ils font secrètement détruire les pierres, vestiges de ce paganisme persistant, et surtout celles près desquelles se donnent rendez-vous les jeunes gens des deux sexes ; les habitants, lorsqu'ils surprennent les ouvriers, s'ameutent, s'insurgent et empêchent l'œuvre de destruction. Quand on a pu l'accomplir sans éveiller leur attention, ils rassemblent les débris, les remettent à leur place et continuent à les entourer de vénération. Il faut disperser au loin les fragments de la pierre sacrée pour voir cesser le culte dont elle était l'objet. L'endroit où elle s'élevait demeure sacré, et quelquefois les prêtres y plantent la croix pour la faire profiter du respect et des idées religieuses attachés à ce lieu.

Il faut cependant le reconnaître : de nos jours, le culte de la pierre tend à disparaître complétement. Les efforts du clergé, le voisinage de la cité cosmopolite de Luchon, la facilité des communications, la diffusion des lumières lui font perdre constamment du terrain. Aussi ses adeptes dissimulent-ils généralement leurs croyances, et ce n'est guère qu'en secret (*at magat*) qu'ils vont toucher les pierres sacrées et prier les génies qui en font leurs demeures. Les générations nouvelles auront bientôt oublié ces vieilles superstitions.

Un habitant du Larboust, M. C..., nous disait : « Quelques « personnes ont confiance en ces pierres. Autrefois, on « allait y prier en cachette. *Béris us qu'an counfiéns a én aqué-* « *ris cailhaous. D'aoutis cots, qu'ey anaouén préga at magat.* »

Mais s'il est des fidèles du vieux culte de la pierre qui se cachent et n'osent confesser leurs croyances, il en est d'autres, surtout dans le haut Larboust et parmi les anciens, qui les affirment hautement.

Un jour nous demandions à un vieillard quelques explications sur les pierres sacrées. Il nous répondit, en présence de M. le curé de P... et de l'instituteur de G... : « Autrefois, « quand les gens étaient honnêtes, tous ayaient en ces « pierres une grande foi (*ua grana fé*). Tous les priaient et

« les vénéraient. Moi, j'ai toujours cru en elles ; je mourrai
« en y croyant. » (*Jou qu'è toustém crédut én aquérés peyrés ;*
« *qu'én mourire en créyey*). » Sur une observation que lui
fit le curé, le vieillard s'écria d'une voix que l'émotion
faisait vibrer : « Si vous ne croyez pas à ces pierres, mon-
« sieur le curé, moi j'y crois. J'y crois, comme tous mes
« ancêtres ; mais deux hommes d'aujourd'hui ne valent pas
« un homme d'autrefois... »

Ces paroles, proférées par un honnête vieillard très-
considéré dans sa commune, chez lequel les années n'ont
pas éteint l'ardeur de la pensée, s'adressaient à un digne
ecclésiastique ; nous ne les rapportons ici que parce qu'elles
sont caractéristiques et peignent mieux que toute autre
chose la puissance des superstitions enracinées dans la population ; mais nous profiterons en même temps de cette occa-
sion pour dire que si, dans la vallée du Larboust, des prêtres
sont encore obligés de lutter contre les restes d'un paganisme tenace, ils n'en comprennent pas moins l'intérêt que
ces vieilles superstitions ont pour l'histoire, et nous leur
devons trop de renseignements précieux pour ne pas leur
adresser ici nos remercîments.

Nous allons décrire les diverses pierres sacrées sur lesquelles nous avons recueilli des renseignements :

La première pierre sacrée que nous signalerons est le *cailhaou dés pourics* ou pierre des poussins que nous avons
mentionnée en décrivant le grand alignement de Peyrelade
dont elle forme, au sud, l'extrémité. Elle se dresse à quelques mètres de la fontaine de *Hont-bieoua*, qui sourdait peut-
être autrefois à sa base. Ce monument mégalithique se
compose de deux pierres : l'une aux formes arrondies, ayant
17^m,70 de circonférence ; l'autre, qui repose sur la première,
présentant très-grossièrement l'apparence d'un énorme
phallus à demi dressé. Sa surface supérieure, trapézoïdale
et aplatie, a été évidemment taillée ; elle présente soixante-
deux fossettes arrondies, ayant 5 à 6 centimètres de diamètre
et 3 à 4 centimètres de profondeur, qui semblent avoir été

destinées à recevoir des œufs par le gros bout. De là, peut-
être, le nom de *cailhaou dés pourics* (pierre des poussins).
Quatre fossettes choisies au milieu de la pierre ont été réu-
nies par deux rigoles, de manière à former une croix. On
aura sans doute voulu sanctifier ce bloc phallique, par l'in-
signe du christianisme, quand les vieilles superstitions se
sont éteintes dans la commune de Billère, sur le territoire
de laquelle il est situé. On a signalé des pierres ayant de
semblables trous non-seulement en France, mais encore dans
d'autres contrées.

Il est très-difficile d'expliquer les mythes d'autrefois,
quand on n'a pour le faire que des monuments muets, sans
histoire, sans inscription et même sans légende. On court le
risque de s'égarer dans des hypothèses dépourvues de fon-
dements sérieux. Nous devons cependant faire remarquer,
avec toute la réserve que comporte un pareil sujet, que l'œuf
paraît avoir eu un rôle important dans le symbolisme religieux des hommes qui ont vénéré la pierre des poussins.
Dans le vingt-quatrième bloc du grand alignement, on a
creusé une cavité ovoïdale; et la vaste enceinte qui en est
voisine est ovoïdale elle-même.

Cette profusion des représentations de l'œuf dans le
quartier de Peyrelade semble indiquer qu'on y adorait la
puissance créatrice et productive. L'apparence phallique
donnée à la pierre des poussins vient à l'appui de cette
explication. Nous n'avons recueilli, à Billère, aucun souvenir de ce culte, aucune légende qui s'y rapporte.

Le cailhaou d'Arriba-Pardin. — Près de Poubeau, au
levant du village, on voit, au-dessus d'un talus escarpé, un
monument mégalithique formé d'un gros bloc de granit
porphyroïde, au pied duquel est une pierre de granit amphibolifère moins grande et d'un aspect phalliforme : c'est le
cailhaou d'Arriba-Pardin, dont le nom ne serait, suivant
certaines personnes, qu'une corruption de ces mots : *arriba
pér Diéou* (arrivé par Dieu). Le gros bloc a 2 mètres de
hauteur et 6ᵐ,85 de circonférence. Le sol sur lequel il repose

est la roche même de la montagne à peine recouverte de quelques centimètres de terre, en sorte qu'il n'a pu s'y enfoncer et qu'on le fait osciller légèrement sous une assez faible pression. La pierre phallique, enfouie à moitié dans le sol, a 98 centimètres de hauteur. Elle est très-bombée antérieurement. Malgré sa forme qui semble révéler le travail de l'homme, surtout à la partie supérieure, elle n'est peut-être qu'une pierre brute façonnée par le glacier.

De tout temps les jeunes gens de Poubeau se sont réunis pour danser près du *cailhaou d'Arriba-Pardin*, et bien souvent les garçons et les filles ont abrité leurs rendez-vous à son ombre. Le génie qui l'habite ne jouit pas d'une réputation immaculée dans le Larboust. Cette fâcheuse renommée ne lui nuit en aucune façon dans l'esprit des habitants de Poubeau. Tant d'unions heureuses consacrées par le mariage et par la naissance de nombreux enfants ont commencé par des rendez-vous près de la pierre, que vieillards et jeunes gens ont conservé d'elle les plus doux souvenirs. Aussi l'aiment-ils et savent-ils la défendre au besoin. Les curés la voyaient autrefois de très-mauvais œil. On nous a rapporté qu'un jour des ouvriers furent envoyés pour la détruire. Elle porte encore la trace des grands éclats qui lui ont été enlevés lors de cette tentative. La population s'ameuta ; il y eut un véritable soulèvement dans la commune et les ouvriers furent obligés de s'enfuir. Une autre fois, vers 1833, M. Thomas Comet de Cathervieille voulut la briser afin d'avoir des matériaux pour faire la clôture d'une propriété dans le voisinage ; mais, nous a-t-il dit, les habitants de Poubeau protestèrent si énergiquement, qu'il n'osa pas toucher à la pierre.

Le clergé a tenté, à plusieurs reprises, d'y implanter les insignes de la religion catholique. Il y a quelques années, trois vieillards de Poubeau, MM. Nard, Bourdette et Mariette, racontaient qu'ils se rappelaient avoir vu, à l'époque de leur enfance, poser une croix de fer sur le *cailhaou d'Arriba-Pardin*, et ils ajoutaient qu'elle avait été renversée par un

coup de foudre. La destruction de la croix par le feu du ciel
dut rendre au génie de la pierre tout son ancien prestige, et
peut-être est-ce à cette circonstance qu'il faut attribuer la
persistance, en ce pays, de pratiques et de superstitions
payennes, dont les traces ne sont pas encore effacées.

Autrefois, les jeunes gens de Poubeau allaient en procession, le soir du mardi gras, faire sur cette pierre un grand
feu de paille pour lequel chaque chef de maison fournissait
une botte. Ils marchaient un à un, chacun tenant par der-
rière celui qui le précédait, et s'avançaient dans une attitude
et avec des gestes à la fois burlesques et obscènes. Les rites
de cette fête nocturne qu'on célébrait encore il y a une
trentaine d'années, et qu'on nommait la fête de *gagnolis*,
blessent trop la décence pour que nous les décrivions avec
plus de détails. Nous tenons ces renseignements de M. N...,
de Poubeau, qui lui-même a pris part jadis à cette fête.

Le mot *gagnolis* signifie cris, aboiements du chien. *Ga-
gnoula* veut dire *aboyer*. Quand on voit ensemble plusieurs
personnes de mauvaise vie, ou de mine suspecte, ou tout
au moins des gens dont on ne fait pas de cas, on dit : « Voilà
« la procession des *gagnolis*, l'assemblée des *gagnolis*. »

M. le curé Soulé, au lieu de chercher à faire détruire la
pierre, fit planter de nouveau en 1871 une petite croix de fer
au sommet du gros bloc, pour empêcher, nous a-t-il dit, le
dévergondage de s'exercer en ce lieu, et il défendit formel-
lement à ses paroissiens de s'approcher pour se divertir à
moins de cinquante pas de la pierre. Depuis lors les jeunes
gens ont cessé de fréquenter l'endroit où elle se dresse.
La foule ne s'y presse plus qu'à la procession de la fête des
Rogations, époque à laquelle les habitants allaient autrefois
prier le génie de la pierre, et où maintenant ils vont s'agenouiller devant la croix, pour obtenir du ciel la fertilité
de la terre et la production d'abondantes récoltes.

La pierre phallique de Poubeau est posée, près du gros
bloc, de telle manière qu'on peut s'y asseoir à cheval ou
s'agenouiller immédiatement en face sur une dalle placée

près d'elle, juste au-dessous. Si nous faisons cette constatation, ce n'est pas sans une intention facile à comprendre. Il nous a été parlé, notamment par M. S..., de certains attouchements, et plusieurs personnes nous ont confié que la pierre façonnée en pointe serait, paraît-il, une chose qui ne peut se nommer (*éra peyra poca agudada én punta qué paréchérié hesté ua caouda qué nou spot noûma*).

Evidemment la pierre de Poubeau, dont le génie rendait les terres fertiles, guérissait aussi les hommes de l'impuissance et les femmes de la stérilité. On prétend même que trop souvent elle a comblé de ses faveurs des jeunes filles dont la stérilité n'était nullement le défaut.

Le menhir de Peyra-Hita (*E' peyra dé peyra-Hita*). — Dans le territoire de Bourg-d'Oueil, au milieu d'une pelouse qui s'étend sur la montagne, se dresse une pierre solidement fichée dans le sol, appelée *peyra dé peyra-Hita*. Sa hauteur est de 1ᵐ,52, sa largeur moyenne de 45 centimètres. C'est ce que l'on appelle un *menhir*. Elle est entourée d'un cercle de petites pierres ou cromlech ayant 4 mètres de diamètre, dans lequel est circonscrit un second cercle n'ayant que 2 mètres de diamètre.

A 15 mètres au nord, dans la direction du Montné, gît un autre bloc de rocher ayant 1 mètre de longueur et 50 centimètres de hauteur. Celui-ci est couché. A 4 mètres à l'ouest du menhir sont dispersées quelques autres pierres sur un tertre très-effacé.

Vue de loin, la *peyra-hita* semble affecter la forme humaine. S'il faut en croire la légende, ces pierres seraient un berger, son chien et ses moutons pétrifiés, il y a bien des siècles, en punition du mauvais accueil que le pâtre aurait fait à Jésus-Christ, lors de son passage en ces lieux.

A une petite distance du menhir, est la grotte dite de *Hité*, jadis habitée par des fées (*hadés*, *hédetés*), qui venaient parfois, la nuit, danser autour de la pierre-fite en chantant des paroles mystérieuses.

Cette pierre debout est du même âge que le cromlech qui

l'entoure. Elle signale sans doute des sépultures. Mais les menhirs n'étaient pas seulement des insignes destinés à éveiller l'attention ; ils étaient, comme les cromlechs et les alignements sinueux, des symboles de la divinité ; ils représentaient la puissance créatrice et fécondante. Les superstitions dont ils sont encore l'objet ne peuvent laisser aucun doute à cet égard. Dans tous les pays où la tradition s'est conservée, les femmes stériles vont les embrasser pour avoir des enfants. S'ils n'avaient été que des insignes de libertinage, on ne les eût pas mis sur les sépultures comme on l'a fait si souvent. Peut-être, dressés sur la cendre des morts, étaient-ils l'indice de la croyance à une autre vie.

Encore aujourd'hui, au temps des fraises (*aragués*), lorsque les habitants de Bourg-d'Oueil vont de ce côté, plus d'une jeune femme va baiser (*puna*) le menhir en cachette ; quand des bandes joyeuses traversent la pelouse où se dresse la *peyra-hita*, les hommes obligent les femmes à embrasser la pierre, malgré elles ; et celles qui ne veulent pas l'embrasser, nous disait le maire de Bourg, s'enfuient en se moquant (*Es dé qui nou la von puna, que hugén, é qué s'én trufén*). Diverses personnes de la localité et des villages voisins nous ont confirmé ces détails.

M. C... nous a dit avoir plus d'une fois surpris des jeunes femmes et des jeunes filles embrassant, *touchant d'une certaine manière* la *peyra-hita*.

Une jeune fille, Mlle F. S., à qui nous demandions pourquoi on embrassait ainsi cette pierre, nous répondit en rougissant : « A moi, on n'a pas voulu en expliquer encore le motif, mais j'ai remarqué que lorsque les hommes et les femmes passent à côté de la pierre, ils rient et font des mystères... »

La pierre de Sagâret. — Le *cailhaou de Sagâret* est un bloc de granit situé au-dessus du village de Jurvielle, à 500 mètres environ au nord-ouest, dans une prairie appartenant à M. Germès. Large de 4 mètres, haut de près de 3, il couvre une source qui jaillit de sa base en formant un petit ruisseau. Entre les deux branches que forme le ruisseau, la pierre a été entaillée à une profondeur de 3 à 4 centimètres, de manière à figurer une sorte de porte surmontée d'un cintre. Peut-être le marteau ne l'a-t-il entamée qu'à une époque relativement récente. Le *caïlhaou de Sagàret* est la demeure d'un génie ou *incautade* (*ua incautada*) qui entre et sort par le cintre qui surmonte la porte taillée dans le granit. Plus d'une fois on l'a surpris se baignant dans la source intarissable ou y lavant son linge. La nuit, on l'entend chuchoter et chanter des paroles mystérieuses. Nul ne s'approche de la pierre sacrée pendant les ténèbres ; mais pendant le jour, on va prier devant elle ; on la touche avec vénération ; on applique les lèvres contre son sommet pour parler au bon génie et on colle contre elle son oreille pour entendre sa réponse ; car il converse avec ses fidèles. Voilà, du moins, ce qui se passait naguère encore ; car maintenant les courants civilisateurs emportent chaque jour quelque vestige de ces vieilles croyances. Naguère aussi, les vieilles femmes de Jurvielle allaient laver leur linge dans la source sacrée, en souvenir et à l'imitation de l'incautade, et le linge ne manquait jamais d'y être plus blanc que celui qu'on lavait dans les autres fontaines.

Tels sont les détails qui nous ont été donnés par plusieurs personnes, notamment par M. Guillaume G. et par la veuve B... L'homme le plus âgé de la vallée du Larboust, M. Augustin Germès, ancien maire de Jurvielle, a bien voulu nous fournir des indications plus précises encore. Ce vieillard de quatre-vingt-deux ans, qui jouit de la plénitude de ses facultés, nous a lui-même conduits près de la pierre. Avec un empressement religieux et une émotion visible, il nous a montré le demi-cercle qui sert de passage à l'*incautade*, l'endroit où il faut appliquer les lèvres ou l'oreille pour converser avec lui, la partie du lit du ruisseau où il fait ses ablutions, les rochers blanchâtres où il étend son linge, le siége où il s'assied et les traces très-apparentes qu'il a faites sur les bancs redressés du calcaire dévonien dont est formé le monticule, en s'y adossant comme dans un fauteuil.

Il nous a raconté qu'un jour son père, Simon Germès, se disposait à briser le *cailhaou de Sagàret* lorsqu'un vieillard de la localité, qui croyait à la pierre (*qué crédié éna peyra*) et qui savait ce qui se passait (*qué sabié ço qué spasahoué*) l'en détourna vivement parce que cela devait lui porter malheur (*pramou qu'aou pourtarié préjudicy*).

Dans ma jeunesse, nous a-t-il dit, je me dirigeais parfois, la nuit, vers la pierre sacrée pour apercevoir le génie (*éra incautada*) ; mais la peur me saisissait bientôt ; je n'osais m'approcher ; mes jambes tremblaient et je m'enfuyais en poussant un cri de frayeur. Plus d'une fois j'ai alors entendu une voix sortir de la pierre et répondre à mon cri ; mais je n'ai jamais osé revenir sur mes pas.

En présence de M. Pierre Sacaze, de M. Comet, instituteur, et de plusieurs notables de la localité, M. Augustin Germès nous a répété, avec l'accent de la plus profonde conviction, qu'il avait foi en ces pierres, qu'anciennement *tout le monde* y croyait et que ce que l'on racontait du *cailhaou de Sagàret* était vrai, était très-sûr (*aquéro quey soulidé*).

Les incautades sont des anges qui, lors de la guerre entre le principe du bien et le principe du mal, gardèrent la neutralité. Après sa victoire, Dieu les exila sur la terre où ils doivent se purifier par de fréquentes ablutions. Moitié anges et moitié serpents, ils habitent les pierres sacrées et les creux des rochers, aux bords des sources les plus limpides. Quand ils seront suffisamment lavés de leur souillure, ils pourront retourner au ciel. On le voit, les *incautades*, génies primitifs, ne doivent pas être confondus avec les *hadés* ou *hédétés*, qui sont les fées celtiques ou gauloises. Ils n'ont rien de commun, non plus, avec les *antaoumés*, les *poudouèrés* et les sorciers auxquels a cru le moyen âge.

La croyance aux incautades est venue de la Perse et de l'Inde ; en la retrouvant dans les Pyrénées vivace encore et attachée aux pierres qu'ont adorées les hommes qui ont importé le bronze en ces montagnes, on a une nouvelle preuve de l'origine asiatique des premiers métaux apportés en Europe.

Le cailhaou de Magras. — Après nous avoir montré le *cailhaou* de *Sagâret*, M. Augustin Germès nous fit gravir la montagne pendant 50 mètres et nous conduisit près du *cailhaou de Magras*, sur le bord du chemin des *Tiradérés*. Ce bloc de granit, plus gros encore que celui de Sagâret, se dressait autrefois près du ruisseau de *Saoudède*, à 5 mètres au-dessus de l'endroit où on le voit aujourd'hui. Il était, nous a-t-on dit, surmonté d'une pierre phallique. Les jeunes gens des deux sexes se réunissaient près de lui pour danser ; et son ombre abritait les rendez-vous. Lors de la désastreuse inondation du 23 juin 1875, un éboulis se produisit, et l'énorme bloc fut renversé dans le lit même du torrent.

L'intelligent instituteur de Garin, M. Comet, qui nous accompagnait, nous a expliqué que le mot *magras*, en vieux patois, signifie *jour de fête, jour gras*.

Le génie du *cailhaou de Magras* ne passait pas précisément pour inspirer de bonnes mœurs à la jeunesse. Les jeunes filles avouent volontiers que leurs compagnes allaient danser près de ce bloc, mais elles se défendent énergiquement d'y avoir été elles-mêmes.

La pierre de la valse (Et cailhaou d'ét baran). — Sur le versant septentrional de la montagne d'Espiaup, au quartier de *Sastignès*, à 800 mètres environ au-dessus du hameau de Maylin, est un gros bloc de granit appelé le *cailhaou d'ét baran* (la pierre de la valse). Placé près de la source de *hount-arneou*, il a 1^m,60 de hauteur et mesure à sa base 12^m,50 de circonférence. Par ses deux extrémités seulement, il repose sur la roche de la montagne, et l'on dirait qu'il va glisser et bondir dans le précipice au bord duquel il se trouve. Au-dessus de cette pierre, est un petit plateau couvert de gazon, entouré de bruyères, ayant environ 20 mètres de diamètre. Ce plateau était autrefois un lieu de réunion où l'on s'assemblait pour danser. Un vieux berger que nous y avons rencontré nous a rapporté qu'au dire de son aïeul, les jeunes gens des deux sexes allaient autrefois se divertir et danser en rond sur cette pelouse. *Fu pin qué mous didié qué d'aoutis cots era jouenessa, goujats é goujatés, qué venguien guimba et bara sus éra poutja ac cap d'ét cailhaou d'ét baran.* M. Taverné, maire de Benqué, nous a fait observer que le vieux mot patois *bara* s'emploie encore dans quelques locutions. Ainsi les enfants disent : *éra toumba qué baré* (la toupie tourne).

La danse d'alors était probablement celle qui est encore en usage dans la vallée d'Osseau : les jeunes filles se tiennent par la main sans toutefois former le rond, les deux extrémités de la chaîne étant libres. Elles s'avancent ensemble, en décrivant un cercle et progressant par un pas de valse en trois temps, mais sans tourner sur elles-mêmes. Un jeune homme vient se placer à l'une des extrémités de la file, danse avec elles, avançant et reculant comme elles par un pas de valse ; puis il jette la jambe très-haut, pousse un cri aigu, appelé le *hil*, dont il sera parlé tout à l'heure, et enlève la danseuse près de laquelle il s'est placé. C'est alors le tour d'un autre jeune homme à conduire la file des danseuses et à enlever celle qui se trouve à l'extrémité. La valse a donc une très-haute antiquité, dans les Pyrénées [1] ; et puisqu'on la retrouve à l'état de danse nationale dans les pays allemands, elle a probablement une origine aryenne. On danse, dans la vallée d'Osseau, au son d'un flageolet à trois trous, auquel il manque des demi-tons et qui était l'instrument d'une gamme moins complète que la nôtre.

A quelques mètres au-dessous de la pierre d'*ét baran*, dans le talus du précipice, s'ouvre la grotte de *Maylin*, pleine d'ossements d'où s'échappent des feux follets, objets d'une terreur superstitieuse.

Il ne nous a pas été possible de nous procurer d'autres

---

[1] Elle y a peut-être été importée par les Visigoths.

renseignements sur le *cailhaou d'ét baran*. Y avait-il, sur cette pierre, comme sur le *cailhaou dés pourics*, ou près d'elle, comme au pied du bloc de Poubeau, une petite pierre sacrée phalliforme ? Nous ne pourrions l'affirmer.

Nous venons de parler du *hil*. C'est un cri sauvage, perçant, aigu, commençant par une sorte de hennissement, puis uni, prolongé, sonore, inspirant, la nuit, une frayeur superstitieuse.

Ce cri n'est pas aisé à faire. Autrefois on s'exerçait studieusement à *hiller* (*hilla*), et celui qui poussait les hillets les plus purs et les plus retentissants jouissait, dans la localité, d'une certaine réputation. On jette le *hil* les jours de fête et de réjouissances, notamment à l'époque des jours gras, des brandons de la Saint-Jean, de la fauchaison sur les montagnes et parfois au milieu du silence de la nuit. Certaines chansons patoises finissent par des *hils*. Plus d'un banquet se termine encore la nuit par ces cris étranges qui retentissent au loin de montagne en montagne.

Que signifie ce mot *hil* ? Ne serait-ce pas le nom d'une ancienne divinité ? Ces cris n'étaient-ils pas à l'origine une sorte d'invocation au Dieu-soleil ? Il est permis de poser la question. Soleil se dit en celtique *heol*, en gallois *heil*, en punique *hal*, *hol*, en grec *hélios*, en crétois *abelios*. Les pamphyliens nommaient également *abelios* tout ce qui avait rapport au soleil. Plusieurs autels dédiés au dieu gaulois Abélion ont été trouvés dans divers villages sis aux pieds de la montagne d'Espiaup, notamment à Saint-Aventin, à Billère, et à Garin.

Ce n'est pas seulement dans les Pyrénées qu'on fait retentir le *hil* en certaines occasions ; nous avons souvent entendu ce cri dans les Ardennes, et surtout dans le canton d'Asfeld, aux jours de réjouissance.

La pierre du feu (ét cailhaou d'éch hailla). Le culte du feu. — Au nord-ouest du quartier de Peyrelade, sur la montagne d'Espiaup, à 2 kilomètres environ au nord du village de Billère, est une énorme pierre appelée la Pierre du feu (*ét cailhaou d'éch hailla*), à laquelle conduit un sentier en zig-zag appelé lui-même *és marrèts d'éch hailla*. C'était près de cette pierre que l'on célébrait anciennement la fête du feu, vers le commencement de l'été. On y allumait un bûcher, et chaque assistant muni d'un brandon long d'au moins un mètre et demi qu'il agitait en cercle autour de sa tête, tournait autour du bûcher et de la pierre en poussant des hillets prolongés.

Le culte du feu a laissé de nombreuses traces dans la vallée du Larboust. Le christianisme s'en est approprié certaines pratiques en les épurant; mais dans plusieurs localités, le culte primitif subsiste encore et les habitants le pratiquent inconsciemment.

De nos jours, dans la commune de Cazaux-Larboust, dès le 20 ou le 21 juin, et pendant quatre ou cinq nuits successives, les pâtres se réunissent sur les crêtes de la montagne *d'haout-Arrouy*, où se trouvent divers monuments de pierre, notamment une grande enceinte et de nombreux cromlechs sur lesquels nous publierons prochainement une notice détaillée. Portant chacun un brandon de sapin (*hailla d'ahouét*), ils l'agitent au-dessus de leur tête en décrivant des cercles lumineux et descendent rapidement ensemble de la *bach dé Cadaou* jusqu'au village, en poussant des hillets retentissants.

Naguère encore, à Castillon, la veille de la Saint-Jean, au moment où le prêtre mettait, près du village, le feu au brandon bénit, un brandon rival était allumé sur la montagne, au haut des *Artigous*.

A Saint-Aventin, la cérémonie payenne a lieu au tyron des sorcières (*tyroun dés Antaoumés*), dans la nuit du 28 juin, veille de la Saint-Pierre.

Elle se fait encore à Luchon, à la même époque, sur la montagne qui domine la ville, au quartier de *pailhès* ou *palo d'ét mail*; mais il n'y a plus que les jeunes gens et les enfants qui prennent part à cette fête accompagnée de danses et de cris sauvages.

Dans toutes les communes du Larboust, l'arbre de la Saint-Jean est dressé un an à l'avance et fourni, dit-on, par le couple le plus récemment marié. A Luchon, on a la singulière habitude d'y enfermer des serpents qui s'échappent en sifflant, quand ils sentent la flamme monter jusqu'à eux.

Une croyance très-répandue dans le Larboust est qu'un petit morceau de bois carbonisé, provenant du brandon, détourne de la maison, où il est pieusement conservé, la foudre et les mauvais esprits.

Le Tyron de la croix. — Dans le territoire de Portet de Luchon, sur un monticule qui domine le village et que l'on appelle depuis longtemps déjà le Tyron de la croix, il y avait autrefois une pierre très-vénérée (*ua peyra sacrada*). Un curé de cette commune la fit briser et planta une croix à sa place; mais la croix ne resta pas longtemps debout : elle disparut sans que l'on sût comment. Les débris de la pierre furent recueillis et remis à leur place.

En 1871, M. Soulé, curé de Portet, prêtre animé d'un zèle ardent, en fit disperser de nouveau les fragments, et, le jour de la Saint-Bertrand de Comminge, une croix de bois fut érigée au lieu même où se trouvait autrefois le granit sacré. Mais le génie de la pierre devait se venger cruellement. L'ouvrier qui avait façonné la croix et qui en avait été chercher le bois dans la forêt, Théodore Bilot, homme jeune et très-robuste, tomba malade aussitôt qu'il eût terminé cette besogne et mourut quelques jours après. La vérité est qu'il avait eu chaud en amenant le bois et qu'arrivé au tyron où soufflent tous les vents, il s'était refroidi et avait pris une fluxion de poitrine. Mais, aux yeux des habitants, sa mort eut une cause surnaturelle; il périt pour avoir commis un sacrilége envers la vieille divinité du tyron. Une personne qui nous racontait cet incident nous disait : « Cela lui porta malheur; il *en* mourut peu de jours après. » Un bon vieillard, A. G., fit observer en notre présence qu'on aurait dû placer la croix un peu plus loin et non à l'endroit où était autrefois la pierre, « alors, a-t-il ajouté, cela n'aurait pas porté malheur, peut-être » (*alabets n'aourié pas pourtat malhur, dil-hèou*). »

Ainsi, même de nos jours, les génies des pierres font en-

core des miracles aux yeux d'une population crédule, héritière
des superstitions d'un autre âge.

Nous pourrions encore indiquer d'autres pierres sacrées,
notamment le *Cailhaou de Medaou*, situé sur le territoire de
Poubeau, dans le quartier dit *sacrats* (quartier sacré), vers
lequel on faisait une procession le 3 mai de chaque année.
Mais nous devons borner cette note ; et l'énumération de
quelques pierres sans légende n'ajouterait rien à ce que nous
avons dit.